AF299300

*Pichegru étranglé par les Mamelucks
envoyés par Bonaparte.*

LE BRIGAND CORSE,

OU

Crimes, forfaits, attentats et péchés de Nicolas Bonaparte, depuis l'âge de treize ans, jusqu'à son exil a l'île de Sainte-Hélène.

Infandum, regina, jubes renovare dolorem
Franciadas ut opes, et lamentabile Regnum
Corsicus eruerit

PARIS,

Chez TIGER, Imprimeur-Libraire, rue du Petit-Pont-Saint-Jacques, n. 10.

AU PILIER LITTÉRAIRE.

PRÉFACE.

Nous avons à peindre un homme qui par son audace, son hypocrisie, ses attentats et ses crimes, parvint à s'asseoir sur le premier trône de l'Europe. Ses actions, sa manière de penser et son langage seront les seules couleurs que nous emploirons pour faire son portrait, et ce portrait sera vrai et ressemblant. On a écrit sur ce fameux aventurier, et mê-

me l'on a trop écrit. Les uns, en-
thousiastes forcenés, ont admiré
dans leur héros et caractérisé des
attributs du génie la folie et l'ex-
travagance la plus complète. Les
autres, entraînés par l'esprit de
parti qui juge toujours sans ré-
flexion, et prononce ses déci-
sions sans les avoir discutées et
approfondies, n'ont considéré
l'homme que sous un seul point
de vue, et ont voulu lui dérober
ce que l'on ne refuse pas même à
l'être le plus nul.

Eloignés également de ces

deux extrêmes, nous laisserons parler les faits, en nous permettant néanmoins de donner quelquefois notre opinion, sans assurer cependant qu'elle est la mieux fondée.

Nous avons recueilli avec soin, dans les brochures du tems, tout ce qui pouvait contribuer à rendre ce petit ouvrage digne de la curiosité des lecteurs.

On y lira avec surprise plusieurs anecdotes qui ont échappé à nos devanciers, et qui seront un jour d'une grande utilité à ceux qui voudront écrire l'histoire, ou plutôt, comme dit madame de Staël, les aventures du fils d'un greffier d'Ajaccio.

CRIMES, FORFAITS, ATTENTATS

ET

PÉCHES DE BONAPARTE.

Napoléon, ou Nicolas (1) Bonaparte, né à Ajaccio, en Corse, le 15 août 1768, fut conduit de bonne heure en France, où par la protection de M. de Marbœuf, gouverneur de l'île et protecteur de toute sa sainte famille, il obtint une place dans l'école militaire de Brienne,

(1) On a vainement cherché le nom de Napoléon dans tous les calendriers anciens, dans les vies des anciens et même dans les martyrologes, on ne l'a trouvé nulle part, excepté dans *les actes des Saints* des Bollandistes; mais ce Napoléon n'était rien moins qu'un Saint; c'était un fort méchant démon, qui prit plaisir à tourmenter le

en Champagne, où il fit d'assez bonnes études, et y annonça ce qu'il serait un jour, ambitieux, plein d'amour propre, et voulant toujours dominer; perpétuellement en dispute avec ses camarades, il leur proposait des combats, des batailles, et se déclarait le chef d'un

---

corps d'une pauvre femme pendant cinq ans de suite, et dont elle ne fut délivrée que par l'intercession d'une Sainte. (Voy. *Acta sanctorum*, avril, tom. III, pag. 619, art. 66.

Quelques-uns ont prétendu que le prénom de ce Corse était *Nicolas;* mais on tient d'une personne digne de foi que le véritable nom de ce fameux aventurier était *Maximilien*, et qu'il le changea pour éviter que le peuple ne le comparât à *Maximilien Robespierre;* mais il ne put échapper à cette comparaison si désagréable et si odieuse pour lui-même, en surpassant de beaucoup les crimes de son devancier révolutionnaire.

Voy. *Bulletin de Paris;* Paris, 1815, in-8º

des partis ; lorsque , dans des disputes scientifiques ou littéraires , on refusait de se ranger à ses opinions, il criait, il s'emportait, il entrait même en fureur. On avait peine à retenir et à dompter un caractère aussi turbulent et aussi plein de violence.

On doit présumer qu'un tel caractère devait porter dans les plus douces affections de la nature les mêmes emportemens et les mêmes fureurs. Etant devenu amoureux d'une jeune fille de Brienne qui l'aima trop, et qui eut à rougir de sa faiblesse, il crut, pour sa tranquillité et la sienne, devoir s'en défaire. Le poison lui parut le moyen le plus expéditif; la malheureuse périt victime de ce monstre.

On le soupçonna avec raison coupable; mais le défaut de preuves possibles, et surtout la protection de M. de Marbœuf, empêchèrent qu'il ne fût chassé de l'école.

En 1784, il fut jugé digne d'être compris dans la promotion des élèves que l'on envoyait à l'école militaire de Paris, où, entre plusieurs traits de sa jeunesse, nous rapporterons les suivans :

On faisait un jour devant lui l'éloge de Turenne. Une dame de la compagnie se mit à dire : « Oui, c'était un « grand homme ; mais je l'aimerais « mieux, s'il n'eût point brûlé le Pala- « tinat. — Qu'importe, reprit vivement « le jeune Corse, si cet incendie était « nécessaire à sa gloire ? » — Cette ré- ponse pouvait faire augurer ce dont il serait capable un jour, si jamais le pou- voir tombait entre ses mains.

Lorsque l'aréonaute Blanchard se pro- posa de faire au Champ-de-Mars l'expé- rience d'un aérostat, Bonaparte voulut, malgré les représentations de ce physi- cien, monter avec lui dans la nacelle sus- pendue au-dessous du ballon. Ayant éprouvé un refus positif, prononcé avec la plus grande politesse, le jeune élève, dont le caractère altier et irascible ne

pouvait se contenir, donna un coup d'é-
pée dans le ballon, et fit manquer une
expérience qui avait attiré un concours
prodigieux de monde.

Ayant obtenu, quelque tems avant la
révolution, une sous-lieutenance dans
le régiment de Lafère, artillerie, par
la protection de M. de Marbœuf, il se
rendit à Metz, où il fut réduit, par la
médiocrité de sa fortune, à vivre avec
une extrême sobriété.

Ayant perdu son protecteur et n'ayant
plus les moyens de se soutenir au service, il fut obligé de retourner en Corse,
où il commit des crimes de toute espèce;
en ayant été chassé, il vint à Marseille
en 1793, où il se signala dans les clubs
par ses vociférations et ses emportemens.

Ce fut dans cette ville que M. Dupuis, chef d'un nombreux pensionnat,
se trouvant dans une maison où Bonaparte se trouvait aussi, la conversation
tomba sur les malheurs attachés à la

couronne dans les tems de révolution.
« Savez-vous pourquoi les rois sont à
plaindre, dit tout-à-coup Bonaparte ?
— C'est peut-être vous qui nous le di-
rez, répliqua M. Dupuis, étonné de
la hardiesse du jeune homme. — Oui,
monsieur, continua ce dernier, et j'ose
vous assurer que votre pensionnat est
plus difficile à conduire que le premier royaume du monde. La raison
en est que vos élèves ne vous ap-
partiennent point, et qu'un Roi qui
veut fortement l'être fut toujours le
maître de ses peuples ». Tout le monde
se mit à crier au sophisme. « Criez tant
que vous le voudrez, répondit Bonaparte ; si j'étais roi, je vous prouverais
ce que j'avance ». Après son élévation,
la manière dont il a gouverné la France
a vérifié son assertion.

Ayant trouvé à Marseille un de ses
cousins, nommé Aréna, officier d'artillerie, ce dernier le fit remettre en activité dans le même corps.

Employé au siège de Toulon, il avait placé sur une hauteur une pièce de canon; Barras, alors membre de la Convention, ordonna que ce canon fût mis dans une position différente ; Bonaparte, s'approchant avec fierté, lui dit d'un ton ferme : « C'est moi qui ai « placé là ce canon, et il y restera; « citoyen député, chacun doit se mê- « ler de son métier ». Barras s'intéressa de ce moment au jeune militaire, qui commanda la terrible mitraille qui fit périr à Toulon un grand nombre de citoyens. Il rendit compte en ces termes de cette horrible boucherie aux commissaires de la convention.

« Citoyens représentans ,

« C'est du champ de la gloire, mar- « chant dans le sang des traîtres , « que je vous annonce avec joie que « vos ordres sont exécutés, et que la « France est vengée. Ni l'âge, ni le sexe

« n'ont été épargnés : ceux qui
« aváient été blessés seulement par le
« canon républicain, ont été dépêchés
« par le glaive de la liberté et par la
« bayonnette de l'égalité.

« Salut et admiration,

« *Signé* BRUTUS BONAPARTE,
« *Citoyen sans-culotte.* »

Après la prise de Toulon, il fut employé par Barras comme espion de ses camarades, qui découvrirent bientôt le rôle infâme qu'il jouait auprès d'eux et se séparèrent entièrement de lui. Dans cette même ville, il se rendit coupable d'un sacrilège révoltant. Etant entré un jour dans une église, il monta à l'autel, retira les hostiés du S. Ciboire, qu'il remplit de ses excrémens.

Ayant été envoyé à Nice, où il poursuivit son système de fureurs dans les clubs, il y fut destitué par le représentant du peuple Aubry comme terroriste, incarcéré pendant plusieurs mois. Il y tomba dans la plus grande misère.

De retour à Paris, il assiégea en vain la porte des bureaux; mais le 13 vendémiaire il fut remis en activité par Barras, qui le chargea de foudroyer les sections, qui marchaient contre la Convention. Ayant accepté cette funeste mission, il tira à boulet sur des citoyens qui n'avaient point d'artillerie, et surpassa de beaucoup l'attente de son protecteur. C'est dans cette désastreuse journée qu'il fit l'essai du despotisme qu'il se proposait de faire peser un jour sur sa patrie adoptive (1).

Le résultat de ce coup d'essai fut

---

(1) Ce fut au sujet de cette journée que le général Vandamme lui dit : « Qu'avez-vous fait « là? bon pour le moment; mais je ne sais « si quelque jour vous n'aurez point à vous en « repentir. — Laissez donc, lui répondit Bod'abord d'être nommé général de division, et commandant général des troupes de l'intérieur; puis quelque tems après, en obtenant la main de la veuve du comte de Beauharnais, d'obtenir le commandement en chef de l'armée d'Italie.

Arrivé à Nice dans le mois de germinal an IV, le Sénat de Venise engagea Monsieur, aujourd'hui Louis XVIII, à quitter Véronne où il avait établi sa cour. Les princesses, qui étaient alors à Rome, se retirèrent à Messine, et bientôt après tous les émigrés français réfugiés dans le grand duché de Toscane allèrent chercher ailleurs une terre hospitalière. Ce fut

---

« naparte : vous ne voyez pas que c'est mon « cachet que je mets sur la France ?» Cette réponse était réellement le cachet de son ambition.

à ce sujet qu'il écrivit au Directoire la lettre suivante :

« J'arrive dans cette ville (Véronne) pour en partir demain matin...; *je n'ai pas caché aux habitans que si le prétendu roi de France n'eût évacué leur ville avant mon passage du Pó, j'aurais mis le feu à une ville assez audacieuse pour se croire la capitale de l'Empire français.......* Les émigrés fuient l'Italie ; plus de quinze cents sont partis cinq jours avant mon arrivée ; ils courent en Allemagne, *porter leurs remords et leur misère.* »

Cette campagne, signalée par de grandes victoires, fut marquée par le brigandage, le vol, le pillage et tous les excès que peut commander un caractère féroce et sanguinaire comme celui de Bonaparte ; il fit fusiller un grand nombre d'employés au commissariat de son armée, pilla et rançonna le duc de Modène, exerça mille vexations contre le St. Père, dont il s'empara de Macerata et de Loretto, et dans cette dernière ville de riches dépouilles et du trésor de la Notre-Dame; se fit donner les diamans du St. Siège pour gage de la contribution imposée sur le Pape, fit vendre ces diamans à Gênes, et n'en fit pas moins payer la contribution au St. Père.

Le traité de Léoben ayant terminé cette campagne, Bonaparte revint à Paris riche de 24 millions, fruit de ses rapines et de son brigandage.

Peu de jours avant la signature de ce traité, il s'éleva plusieurs difficultés entre les contractans, l'empereur d'Autriche n'ayant pas donné à ses ministres des pouvoirs suffisans pour traiter de la paix. Les propositions de la France n'étant pas écoutées, Bonaparte, dans un accès de violence, prit un cabaret de porcelaine précieuse, et, le brisant en mille morceaux, dit au conseil assemblé: *Ainsi je vous réduirai en poussière, puisque vous le voulez,* et il sortit sur-le champ. Quelques jours après le traité fut signé.

Ses victoires en Italie lui attirèrent une grande considération et le rendirent redoutable au directoire exécutif, qui, pour se débarrasser de ce général audacieux et entreprenant, imagina l'expédition d'Egypte, entreprise avec l'élite des armées de terre et de mer, et qui coûta des sommes énormes.

Lorsqu'il fut prêt à s'embarquer pour cette expédition, quelques personnes, qui regrettaient les millions que coûtait cette folle entreprise, firent courir le couplet suivant :

AIR : *Femmes, voulez-vous éprouver ?*

> Que de talens jetés à l'eau,
> Et que de fortunes perdues !
> Que de gens courent au tombeau,
> Pour porter Bonaparte aux nues !
> Ce guerrier vaut son pesan. d'or,
> En France personne n'en doute ;
> Mais il vaudrait bien mieux encor
> S'il valait tout ce qu'il nous coûte.

Il partit donc et signala son premier exploit par s'emparer de l'île de Malte.

Débarqué devant Alexandrie le 13 messidor an 6, des succès éclatans signalèrent ses premières marches. Mais le siège et la prise de Jaffa furent souillés par les horreurs les plus révoltantes : la ville fut livrée au pillage le plus affreux ; 4000 hommes de la troupe de Djezzar furent passés au fil de l'épée ; une partie des habitans fut massacrée. Après la prise de cette ville, une partie de la garnison qui s'était réfugiée dans la mosquée, obtint grâce de la vie pour peu d'instans. Bonaparte résolut de se débarrasser du soin de nourrir 4000 prisonniers, et les fit fusiller et mitrailler en masse. Ses propres soldats furent aussi ses victimes. Cinq cent d'entre eux, malades ou blessés, languissaient dans un hospice à Jaffa ; les médecins lui déclarèrent qu'ils craignaient pour la vie de ces infortunés : *Eh bien ! s'écria-t-il, qu'on les délivre de leurs maux en les faisant mourir.* Il fallut exécuter cet ordre d'une barbarie inouie. On leur fit prendre une forte dose d'opium qui termina leur existence.

Obligé de lever le siège de St.-Jean-d'Acre, où il perdit beaucoup de monde; chargé de l'exécration de ces Egyptiens envers lesquels il avait exercé des actes horribles de barbarie et de cruauté, et voyant qu'il ne pouvait résister à l'orage qui s'élevait de toutes parts contre lui; après avoir remis à Kléber le commandement de l'armée, il s'embarqua secrètement pour la France, abandonnant ainsi à toutes les vengeances une foule de braves qu'il avait entraînés dans ces contrées lointaines.

Après son départ, la convention d'El-Arisch fut signée. Kléber avait par ce traité la liberté de revenir en France, où il se proposait, en arrivant, de dénoncer tous les crimes dont il s'était rendu coupable en Egypte. Malheureu-

sement la convention ne fut pas rati-
fiée. (1)

Bonaparte fut bientôt instruit par le
général Abdallah Menou de tout ce qui
se passait, et Kléber fut assassiné.

Arrivé à Paris le Corse, voulant tirer
parti des troubles qui régnaient en
France, que la faiblesse du Directoire
était incapable de calmer, il mit en jeu
tous les ressorts de l'intrigue, se forma
un puissant parti dans le Corps-législa-
tif, dont son frère Lucien était président, et il fut nommé premier Consul.

---

(1) Kléber appelait Bonaparte un *général
à dix mille hommes par semaine*. Moreau
avait coutume de dire du même homme qu'il
ne gagnait ses batailles qu'*à coups d'hommes.*
C'est en trois mots l'histoire de toutes les con-
quêtes de ce Corse, qu'on a si mal-adroitement
comparé à César.

Pour capter le plus grand nombre de suffrages, il assura qu'il avait déjoué une terrible conspiration, et promit de donner sous peu de jours les détails de cette redoutable conspiration ; mais il n'en a jamais parlé depuis cette époque. Il s'était engagé en même tems à ne tenir les rênes du gouvernement que pour rétablir la liberté ; mais il appesantit au contraire le joug du despotisme, démentant de la manière la plus formelle ce passage de son discours à la tribune de St -Cloud : « Français, si j'abuse du pouvoir que vous « me confiez, tournez contre moi vos « bayonnettes, et que je serve d'exem- « ple à ceux qui tenteraient de vous « opprimer. »

Après le 18 brumaire, le directeur Barras ayant envoyé sa démission à Bonaparte, espérant que le général n'oublierait pas qu'il avait été son premier protecteur, en reçut la réponse suivante : « Allez dire à cet homme que

« je ne veux plus le voir, et que je
« saurai faire respecter l'autorité qui
« m'est confiée. » On voit, par cette
réponse, que la reconnaissance n'était
pas une des premières vertus du Corse.

Dans cette même journée, il montra
au conseil des Cinq-Cents une pusilla-
nimité bien opposée à l'audace qu'il
déploya dans celui des Anciens. Près
d'être mis hors la loi, il quitta la salle,
monta à cheval, et, la tête perdue, il se
dirigea vers Paris en criant : *Je suis le
dieu de la guerre*. Sans la fermeté de
Murat qui le ramena, et l'énergie de
Lucien qui présidait alors le conseil des
Cinq-Cents, et qui rentrèrent dans la
salle à la tête des soldats, la France
n'aurait jamais eu à subir le joug affreux de son despotisme.

On sait que Sieyes, après cette journée, fut nommé second consul avec
Bonaparte. Ayant dit à ce dernier qu'en
notifiant au gouvernement prussien le
changement qui venait de s'opérer, il
devenai

devenait nécessaire de faire savoir au roi de Prusse qu'on avait renoncé à l'idée de placer un d'Orléans sur le trône de France, et qu'on ouvrirait des négociations pour y placer un prince de Prusse, Bonaparte lui répondit : « Qu'il ne voulait pas confier un secret « de cette importance à son secrétaire ; « que n'étant pas lui-même trop bon « écrivain, lui Sieyes devait rédiger le « projet, qu'il enverrait par Duroc qui « allait à Berlin, et qui en serait por-« teur sans être dans le secret. » Sieyes rédigea le projet, et crut qu'il avait été envoyé à Berlin. Peu de tems après, quand Bonaparte nomma Cambacérès et Lebrun consuls, Sieyes en devint furieux, et Bonaparte lui dit avec le plus grand sang-froid : « Que, *s'il re-« muait*, il publierait son projet, qu'il « n'avait pas envoyé à Berlin, mais « qu'il gardait comme un *memento* de « son ignorance et de sa trahison. » A trompeur, trompeur et demi.

Le Brigand corse.   B

A peine quelques mois avaient été consacrés à l'organisation des tribunaux et des autorités administratives, qu'il proclama l'institution funeste de la conscription, qui réunit tout ce que la tyrannie la plus ingénieuse peut imaginer pour tourmenter et dévorer les peuples ; c'était véritablement le code de l'enfer. Nous allons retracer ici, d'après un écrivain connu, le tableau de cette loi atroce, et de la manière dont il en usa.

La Scandinavie, appelée par un historien la *fabrique du genre humain*, n'aurait pu fournir assez d'hommes à cette loi homicide. Le code de la conscription sera un monument éternel du règne de Bonaparte ; là se trouve réuni tout ce que la tyrannie la plus subtile et la plus ingénieuse peut imaginer pour tourmenter et dévorer les peuples ; c'est véritablement le code de l'enfer. Les générations de la France étaient mises en coupes réglées comme les arbres d'une forêt. Chaque année quatre-vingt mille jeunes gens étaient abattus. Mais ce n'était là que la mort régulière ; souvent la conscription était doublée, ou fortifiée par des levées extraordinaires ; souvent elle dévorait d'avance les futures victimes, comme un dissipateur emprunte sur le revenu à venir. On avait fini par prendre sans compter. L'âge légal, les qualités requises pour mourir sur un champ de bataille n'étaient plus considérés, et la loi montrait à cet égard une merveilleuse indulgence. On remontait vers l'enfance, on descendait vers la vieillesse ; le réformé, le remplacé étaient repris ; tel fils d'un pauvre artisan, racheté trois fois au prix de la petite fortune de son père, était obligé de marcher. Les maladies, les infirmités, les défauts du corps n'étaient plus une raison de salut. Des colonnes mobiles parcouraient nos provinces comme un pays ennemi, pour enlever au peuple ses derniers enfans.

Si l'on se plaignait de ces ravages, on répondait que les colonnes mobiles étaient composées de beaux gendarmes qui consoleraient les mères et leur rendraient ce qu'elles auraient perdu. Au défaut du frère absent, on prenait le frère présent. Le père répondait pour le fils, la femme pour le mari ; la responsabilité s'étendait aux parens les plus éloignés, et jusqu'aux voisins. Un village devenait solidaire pour le conscrit qu'il avait vu naître. Des garnisaires s'établissaient chez le paysan, et le forçaient de vendre son lit pour les nourrir, jusqu'à ce qu'il eût retrouvé le conscrit caché dans les bois. L'absurde se mêlait à l'atroce ; souvent on demandait des enfans à ceux qui étaient assez heureux pour n'avoir point de postérité. On employait la violence pour découvrir le porteur d'un nom qui n'existait que sur le rôle des gendarmes, ou pour avoir un conscrit qui servait déjà depuis cinq ou six ans. Des femmes grosses ont été mises à la torture, afin qu'elles révélassent le lieu où se tenait caché le premier né de leurs entrailles ; des pères ont apporté le cadavre de leur fils pour prouver qu'ils ne pouvaient plus fournir ce fils vivant. Il restait encore quelques familles dont les enfans plus riches s'étaient rachetés ; ils se destinaient à former un jour des magistrats, des savans, des propriétaires si utiles à l'ordre social dans un grand pays ; par le décret des gardes d'honneur, on les a enveloppés dans le massacre universel....

Ce fut donc pour se garantir d'une invasion sur nos côtes, et pour reprendre l'offensive en Italie, qu'il créa cette loi (1) qui, dans ses mains, devint l'instrument de la dévastation.

---

(1) On en était venu, dit un écrivain, à ce point de mépris pour la vie des hommes, d'appeler les conscrits *la matière première et la*

Plusieurs succès éclatans signalèrent la dernière campagne d'Italie ; la victoire de Marengo surtout fit oublier toutes celles qui avaient illustré nos précédentes campagnes ; mais elle fut payée bien cher par la mort du brave général Desaix, qui ne périt point par le fer ni le feu de l'ennemi, mais par un assassinat ordonné par Bonaparte. Ce dernier ayant su, par son confident Abdallah-Menou, que Desaix était d'accord avec Kléber et Tallien pour le dénoncer à leur arrivée en France, comme assassin et déserteur, il se promit bien de profiter de la première

---

chair à canon. On agitait quelquefois cette grande question parmi les pourvoyeurs de chair humaine, savoir, combien de tems *durait* un conscrit. Les uns prétendaient qu'il durait trente-trois mois, les autres trente-six ; Bonaparte disait lui-même : « J'ai trois cent mille « hommes de revenu. »

occasion pour se débarrasser de ce génénéral.

On a prétendu que Desaix avait dit
en mourant : « Allez dire au premier
« consul que je meurs avec le regret
« de n'avoir pu me signaler de ma
« nière à transmettre mon nom à la
« postérité. »

Ce général n'avait pas eu le tems de
dire ces belles paroles ; l'assassin avait
trop bien pris ses mesures.

Quand on vint apprendre sa mort
à Bonaparte, il s'écria avec une douleur hypocrite : *Pourquoi ne puis-je
pleurer!*

Au mois de vendémiaire an **X**, la
paix fut faite avec la Russie et avec le
royaume de Portugal, des préliminaires
de paix furent signés avec l'Angleterre
et la Porte-Ottomane, et la guerre intestine fut éteinte dans les départemens
de l'ouest ; mais ces rayons d'un avenir
plus heureux furent obscurcis par des
perfidies et des atrocités du premier

consul. Le comte de Frotté, chef des royalistes de Normandie, ayant eu l'imprudence de se rendre à une conférence où on l'attira sur la foi d'une promesse, fut arrêté et fusillé.

Peu de tems après, Toussaint-l'Ouverture, chef des noirs de Saint-Domingue, fut enlevé par trahison en Amérique, conduit en France, et ensuite étranglé par les sbires du tyran dans le château fort où on l'avait enfermé (1).

Après le traité d'Amiens, Bonaparte fut déclaré consul à vie : il voulut encore se faire nommer président de la république italienne. Ayant donc assemblé à Lyon les principaux citoyens de cette république, à qui on avait donné des instructions, il fut nommé par acclamation président. Cette élé-

____

(1) Bonaparte suivait à la lettre ce fameux dicton du législateur-scapin Barrère. « Il n'y « a que les morts qui ne reviennent point. »

vation lui coûta quelques sommes d'argent qu'il se promit bien de se faire
rendre au premier moment (1).

Il était évident que Bonaparte, en se
faisant nommer consul à vie, aspirait à
s'asseoir sur le trône des Bourbons, et
qu'il voulait détruire jusqu'à la trace
du républicanisme pour s'en frayer le
chemin ; mais avant de rien entrepren-

---

(1) Lorsque Bonaparte alla en Italie pour
se faire couronner roi, il voulut que la banque
de France lui avançât de l'argent. Le banquier
Perregaux, qui était à la tête de cet établisse-
ment, lui dit qu'il était impossible à la banque
de faire aucune avance. Le Corse entra dans
la plus grande fureur, disant : « Vous êtes
« tous des f.... gueux, » et lui jeta un chan-
delier à la tête. Perregaux rentra chez lui avec
une espèce de fièvre chaude ; et ce traitement,
qu'il avait essuyé devant une douzaine de personnes, lui tint tellement à cœur, que sa tête
se perdit, et qu'il mourut absolument fou ; ce
qui certes n'en valait pas la peine.

dre, il essaya d'obtenir l'abdication de Louis XVIII en sa faveur.

Un émissaire fut envoyé à ce prince, qui s'était alors retiré à Varsovie. On connaît la réponse digne de ce monarque, qu'il fit à l'envoyé qui, ayant fait part à Bonaparte d'un refus formel, reçut de nouvelles instructions remarquables par leur atrocité.

« 1° Le prétendant ayant refusé d'ac-
« céder à la demande que lui avait faite
« le premier consul, vous l'enlèverez de
« force, et s'il fait la moindre résistance,
« vous le tuerez. Comme il est possible
« que, dans le cas d'une rupture avec
« l'Angleterre , une armée française
« occupe le Hanovre, on vous enverra
« un détachement de troupes fran-
« çaises *en habits bourgeois* ; le
« comte de *** en sera informé, et
« donnera des ordres à la régence de
« Varsovie de ne point envoyer de trou-
« pes après vous, pour ramener le pré-
« tendant.

« 2° Vous tâcherez de vous emparer
« des papiers de M. de la Chapelle, et
« de M. de la Chapelle lui-même, s'il
« est possible, ainsi que de M. le comte
« d'Avaray.

« 3° Assurez-vous des commis de la
« poste à Varsovie, pour intercepter, ou
« au moins lire les lettres qu'écrit Louis
« XVIII, et celles qui lui sont adressées. »

Un an après, deux autres émissaires
français furent envoyés à Varsovie pour
concerter les moyens d'empoisonner
Louis XVIII avec toute sa famille. Le
projet fut découvert, les deux émissaires prirent la fuite. Ce fut alors que la
famille royale se décida à quitter Varsovie, et fit très-bien.

Bonaparte, qui était persuadé que
tant que la famille des Bourbons exis-
terait, son pouvoir serait précaire, et
qu'il serait toujours regardé comme un
usurpateur, du sang duquel on pouvait
sans remords ensanglanter les marches
du trône, poursuivit le système de dé-

truire, partout où il pourrait les attein-
dre, les membres de cette famille. En
conséquence, il conçut le projet d'attirer les princes français qui étaient en
Angleterre, et d'envelopper dans le
même piège les généraux Pichegru,
Moreau et Georges. Enfin, ce fut sur
des invitations et des encouragemens
que quelques-uns de ces malheureux
royalistes se rendirent en France ; et ils
étaient trahis même avant de partir.

Parmi ceux qui donnèrent dans ce
piège, on distinguait, à cause de son
ancienne gloire, le général Pichegru. Sa
présence à Paris occasionna quelques
entrevues entre Moreau et lui. C'en fut
assez pour vouloir mettre ce dernier dans
une conspiration, et le traduire devant
les tribunaux, comme complice de
Georges et Pichegru.

Ce procès scandaleux et plein d'ini-
quité souleva tous les bons esprits. Bonaparte redoutait surtout la popularité
de Pichegru et le langage ferme et
hardi

hardi qu'il avait tenu à Réal (1) lorsque celui-ci l'interrogeant lui dit : *Vous êtes certainement venu avec le projet de rétablir les Bourbons? et quand cela serait*, répondit Pichegru, *qu'est-ce qui est le plus honorable de placer la couronne sur la tête d'un prince légitime, que sur celle d'un faquin que je n'aurais pas laissé battre le tambour dans mon armée?*

Comme on craignait qu'il ne répétât les mêmes paroles, sa perte fut résolue.

Il était gardé au Temple par deux gendarmes ; mais on les éloigna, et ils furent remplacés par des Mamelucks et des Albanais, auxquels on confia le

____

(1) Conseiller d'Etat pour le département de la police. Ce fameux personnage, jadis procureur au Châtelet de Paris, fut chassé de son corps pour avoir trop volé ses cliens : voilà les dignes satellites du brigand corse. *Ab uno disce omnes.*

Le brigand corse.   C

soin de l'étrangler , et qui s'en acquit-
tèrent au désir du tyran. Ces Mamelucks
furent ensuite fusillés pour des crimes
supposés.

On trouva sur cet ex-général des lettres de change tirées de Londres par
MM. Thélusson et compagnie pour des
sommes considérables sur MM. Thorn-
ton, Power, Perregaux et compagnie ,
banquiers à Paris. Pichegru n'avait pré-
senté aucune de ces lettres à l'accepta-
tion , et elles n'étaient pas à son ordre
mais à celui de quelques autres personnes. Bonaparte envoya aussitôt chez
les banquiers ci-dessus nommés , leur
ordonna de payer ces lettres quoiqu'elles ne fussent pas acceptées. En cas de
refus, il les menaça de les faire arrêter comme complices de la conspiration.

Malgré les artifices que la perfidie put
suggérer à la vengeance et à la tyrannie, Moreau échappa au supplice. (1)

____

(1) Il fut seulement condamné à deux ans

Le discours qu'il prononça devant ses juges électrisa tout l'auditoire. Ce discours fut imprimé par ordre du grand-juge, à qui ses agens avaient dit qu'il était plus propre à faire tort au général qu'à le servir; ce qui s'étant trouvé faux, Bonaparte devint furieux contre le grand juge, qu'il battit cruellement. On l'arracha des mains du tyran, qui sans cela l'eût tué. Rien au monde n'était plus risible que de voir le grand juge étendu tranquillement sur un sopha, et se laissant assommer comme un esclave, sans faire la moindre résistance. Enfin on le conduisit dans l'antichambre, baigné dans son sang, sa robe déchirée, et tenant sa perruque à la main; et pen-

d'emprisonnement; ayant obtenu la permission de se retirer en Amérique, il fit voile pour ce pays, où il resta jusqu'au moment où les alliés se préparèrent à entrer en France. Il fut tué sous les murs de Dresde.

dant toute cette scène , il pleura comme un écolier.

L'affaire de Georges ayant tourné différemment que ne le voulait Bonaparte , ayant aussi échoué dans son projet sur Louis XVIII , le besoin de s'abreuver du sang humain lui fit jeter les yeux sur une victime illustre qui est morte avec gloire , et dont le meurtre ne sera jamais oublié.

Le 15 mars 1804 , les généraux Ordenner et Fririon arrivèrent le soir à Etteinheim , où le duc d'Enghien depuis trois ans vivait retiré , de l'agrément de l'électeur de Bade , et du consentement de Bonaparte lui-même, qui en avait été instruit par l'électeur. Le prince venait de se coucher. Averti qu'on entend du bruit autour de sa maison , il saute de son lit en chemise , et saisit un de ses fusils ; un de ses valets de pied en prend un autre ; ils ouvrent la fenêtre ; le duc d'Enghien crie : *Qui va là ?* un gendarme répond une impertinence.

Le prince et son valet de pied allaient faire feu, lorsque le baron de Greinsteim, premier gentilhomme du duc d'Enghien, lui arracha son arme en lui disant que c'était vouloir empirer les choses, qu'entreprendre une défense inutile. Ce baron se coucha ensuite tout habillé, après avoir promis au duc de se livrer pour lui, si on venait pour l'arrêter sans le connaître.

Le prince passe à la hâte un pantalon et une veste de chasse; il n'a pas le tems de mettre ses bottes. On monte l'escalier, on entre le pistolet au poing, et on demande qui est le duc d'Enghien. Malgré la promesse qu'il a faite au prince, le baron de Greinsteim garde le silence; on renouvelle l'interpellation, même silence de la part de celui qui devait parler dès la première fois, s'il eût été digne de la marque de confiance qu'il avait reçue. Le prince, après avoir jeté un regard de mépris sur son premier gentilhomme, dit alors aux

C 3

gendarmes : « Si vous venez pour ar-
« rêter le duc d'Enghien , vous devez
« avoir son signalement ; cherchez-le. »
Ceux-ci, croyant parler à un des gens
du prince , répondirent : « Si nous l'a-
« vions , nous ne vous ferions pas de
« questions ; puisque vous ne voulez
« pas le désigner , marchez tous. » Et
en même tems le duc d'Enghien est
saisi au corps par un brigadier de gendarmerie.

Le prince, comme on le voit, fut enlevé de chez lui brusquement, sans lui
donner le tems de s'habiller, ni même
de se chausser. On fit halte vers un
moulin ; là se trouva le bourgmestre
d'Etteinheim , qui , sommé de dire le
nom des personnes arrêtées, les nomma l'une après l'autre ; le duc d'Enghien fut le troisième reconnu. Après
avoir envoyé chercher du linge , des
habits et de l'argent, on se dirigea vers
Strasbourg.

Arrivé dans cette ville , le prince

fut enfermé dans la citadelle de Strasbourg.

Le 18 mars, de grand matin, des
gendarmes viennent le réveiller. Le duc
s'habille à la hâte, on se mit en route,
et on courut jour et nuit sans prendre
le moindre rafraîchissement.

On arriva le 20, à quatre heures et
demie du soir, aux portes de Paris, près
la barrière Saint-Martin ; là se trouva
un courrier qui apportait l'ordre de filer
le long des murs et de gagner Vincennes. On y arriva sur les cinq heures.

Le prince, exténué de besoin et de
fatigue, prit à peine un léger repas.
il se jeta ensuite sur un mauvais lit,
et ne tarda pas à s'endormir profondé-
ment. Vers les onze heures on l'éveilla
en sursaut ; on le conduisit dans une
pièce du pavillon du milieu, où il était
attendu par huit juges, ou plutôt par
huit bourreaux.

Interrogé par eux, le duc leur parla

avec la noblesse et la simplicité qui convenaient à son caractère et à ses vertus.

Le président(1)lui ayant demandé pourquoi il avait porté les armes contre sa patrie, il répondit : « J'ai combattu « avec ma famille pour recouvrer l'hé- « ritage de mes ancêtres ; mais depuis « que la paix est faite, j'ai posé les « armes, et j'ai reconnu qu'il n'y avait « plus de rois en Europe. »

Ses juges étaient incertains ; son innocence, son nom et son intrépidité les faisaient hésiter. Ils écrivirent à Bonaparte pour avoir ses ordres. On tint conseil aux Tuileries. Cambacérès opina pour qu'on n'immolât point lé prince. *Eh ! depuis quand*, répondit le tyran, *êtes-vous devenu si avare du*

---

(1) Le fameux Hullin, ancien sergent des gardes françaises, l'un des soi-disant preneurs de la Bastille, depuis commandant de la ville de Paris, et décoré du titre de comte.

sang des Bourbons? et il écrivit au bas de la lettre ces mots infâmes : « con-damné à mort. » (1)

La sentence prononcée, on quitte le repaire des assassins, et on descend dans le fossé du château par un escalier étroit, obscur et tortueux. Le prince se retourne vers l'officier, et lui dit : « Est-« ce qu'on veut me plonger tout vivant « dans un cachot ? suis-je destiné à « périr dans les oubliettes ? — Non , « monseigneur, lui répondit un officier « de gendarmerie d'élite. »

On continue la marche, et l'on ar-rive au lieu du massacre. Le jeune héros

---

(1) Une dispute violente s'étant élevée entre Lucien et Bonaparte, au sujet de l'assassinat du duc d'Enghien, Lucien tire sa montre , la jette à terre, la brise sous ses pieds , et dit à son frère : *Voilà comme tu seras écrasé.*

La prophétie s'est accomplie, à peu de chose près, comme Lucien l'avait annoncée.

voit tout cet appareil et s'écrie : » Ah!
« grâce au ciel! je mourrai de la mort
« d'un soldat! »

Au moment d'être frappé, le duc
d'Enghien debout, et de l'air le plus in-
trépide, dit aux gendarmes : « Allons
mes amis. — Tu n'as point d'amis ici,
« répond une voix insolente et féroce. »
C'était celle de Murat, devenu depuis
grand-duc de Berg, ensuite roi de Naples, et fusillé en Sicile comme un
traître et un vagabond.

Après la lecture de son jugement,
le duc d'Enghien demanda un ministre
de la religion pour remplir ses derniers devoirs. Un sourire insultant et
presque général accompagna la réponse suivante, que lui fit un de ses juges-
bourreaux : « Est-ce que tu veux mourir
en capucin ? un prêtre! bah! ils sont
tous couchés à cette heure. »

C'est dans la partie orientale des fos-
sés du château de Vincennes que fut
fusillé, en mars 1804, ce prince, dont

les brillantes qualités promettaient un digne petit-fils du grand Condé. Sa mémoire fut honorée dans toutes les cours de l'Europe par des cérémonies religieuses. On célébra en son honneur, à Saint-Pétersbourg, un service où le cénotaphe portait l'inscription suivante :

Inclyto principi
Ludovico-Antonio-Henrico
Borbonio Condæo, duci d'Enghien,
Non minus propriá et avitá virtute
Quam sorte funestá claro,
Quem devoravit bellua Corsica,
Europæ terror
Et ? tius humani generis lues.

En voici la traduction :

Au grand et magnifique prince
Louis-Antoine-Henri
Bourbon Condé, duc d'Enghien,
Non moins recommandable
Par sa valeur personnelle
Que par celle de ses ancêtres.
Un monstre Corse,
La terreur de l'Europe,

Le fléau du genre humain,
L'a dévoré à la fleur de son âge.

Les désirs de l'ambitieux ressemblent à la soif de l'hydropique; ils augmentent quand on les croit satisfaits. Bonaparte, après avoir dissipé tous les sujets de crainte qui pouvaient s'opposer à son usurpation au trône de France, enivré du succès de ses armes et de l'encens que lui prodiguaient journellement ses flatteurs, dédaigna le titre de roi de France, dont les descendans de saint Louis s'étaient glorifiés pendant plusieurs siècles ; il se fit proclamer empereur, et annonça audacieusement qu'il s'était rendu aux vœux de la nation française, tandis que la plupart des votes, inscrits dans les registres des départemens et des communes, avaient été arrachés aux fonctionnaires publics menacés, s'ils résistaient, de perdre leurs places.

Bonaparte, à qui toute religion était

bonne, parce qu'il n'en adoptait aucune, crut sans doute en imposer, en forçant sa sainteté, Pie VII, à sanctionner, en quelque sorte, son couronnement; cela souffrit de grandes difficultés par la résistance qu'y opposa le S. Père. Il fut cependant, à la fin, obligé de céder à la force; il se mit en route, et arriva à Fontainebleau au mois de décembre 1804.

Oubliant ensuite la reconnaissance qu'il devait au vénérable Pie VII, il le dépouilla de ses états, se saisit de sa personne sacrée, le traîna de prisons en prisons, l'abreuva d'amertumes, le frappa même de sa main, parce que le S. Père voulait rester fidèle à sa conscience et à l'église dont il est le chef suprême. Les cardinaux furent traînés d'exil en exil, réduits à vivre de la charité des fidèles. Le pape, détenu à Fontainebleau, n'était guère moins malheureux, et peu de personnes parvenaient à l'approcher.

Laissant à l'histoire à crayonner ses campagnes de Prusse et d'Autriche, où il sacrifia quatre ou cinq cent mille hommes pour étancher la soif du sang qui le brûlait continuellement, ni la destination de sa flottille de Boulogne qui coûta des sommes immenses sans jamais sortir du port, nous allons dire un mot sur l'invasion d'Espagne.

Insatiable dans son ambition, Bonaparte voulut offrir à l'Europe étonnée le spectacle d'un grand crime, préparé de longue main avec cette astuce et cette perfidie criminelle qui furent toujours la boussole de sa conduite, et dont il ne se départit jamais (1). Il fal-

---

(1) Il préluda à ce grand crime par un empoisonnement. On savait que depuis long-temps cet usurpateur méditait le detrônement du roi d'Espagne ; on savait que ce projet avait été communiqué au ministre de cette puissance à Paris, le chevalier d'Azara, qui, sans hésiter, refusa de rien entendre à ce sujet ; mais ce que

laît un prétexte pour mettre à exécution le plan hardi et gigantesque de subjuguer une nation amie et alliée qui, depuis plusieurs années, se sacrifiait aux intérêts de la France ; on résolut de jeter et de fomenter la discorde dans la famille royale d'Espagne ; l'ambassadeur français réussit à suggérer au prince des Asturies, héritier présomptif de la couronne, l'idée de demander une princesse de la famille de l'empereur Napoléon. Peu de jours après qu'il eut écrit en conséquence à la cour de Paris, on vit éclater et avorter en même temps une conspiration qui compromit le prince dont nous venons de parler, et dont le résultat fut de le priver momentanément de sa liberté.

---

tout le monde n'a pas su, c'est que ce même chevalier d'Azara, au bout de vingt-quatre heures, fut empoisonné à temps pour l'empêcher de communiquer à sa cour le criminel projet du tyran.

Le roi Charles IV, à l'instigation du prince de la Paix, son favori, entièrement dévoué à Bonaparte, écrivit à ce dernier, pour lui faire part des graves sujets de mécontentement qu'il avait reçus de son fils. C'était avoir beaucoup obtenu pour l'exécution de ses projets ultérieurs, que d'être ainsi immiscé dans les affaires particulières de la famille royale d'Espagne.

Cependant le mariage du prince des Asturies avec une personne de la famille de Bonaparte ne s'exécutait pas, quelque bruit qu'en fît ce dernier, et les troupes françaises s'emparaient des forteresses de Pampelune, de Saint-Sébastien, de Figuières et de Barcelonne. La famille royale semblait consternée ; il y eut des insurrections à Aranjuez ; l'abdication du roi Charles IV, en faveur de son fils le prince des Asturies, vint à la suite de ces insurrections auxquelles elle ne se trouva néanmoins aucunement liée. Quel vaste champ la fortune ouvrit dans ce moment aux intrigues de Bonaparte en Espagne !

Nous n'entrerons point dans le détail de tous les subterfuges et de tous les ressorts de la politique infernale que Bonaparte fit jouer pour arriver à ses fins. (1)

Le vieux roi d'Espagne, son épouse, ses enfans, et entre autres le prince des Asturies, que l'abdication de son père avait saisi de la couronne sous le nom de Ferdinand VII, furent gardés à vue à Bayonne, où Bonaparte les avait attirés. A l'aide de plusieurs stratagêmes, Bonaparte sut bientôt s'emparer de l'esprit de Charles IV à un tel point, que celui-ci redemanda le trône à son fils.

____

(1) Les agens dont se servit Bonaparte dans cette trame machiavélique furent Murat et le général Savary, depuis duc de Rovigo et ministre de la police, sans compter plusieurs autres subalternes qui ne méritent pas d'être nommés.

Le prince des Asturies se fit un devoir de céder à ses désirs, mais aux conditions suivantes :

1° Que Charles IV retournerait à Madrid, où il serait accompagné par lui, qui le servirait en fils soumis et fidèle.

2° Que les cortès y seraient assemblés, ou que si la réunion d'un corps aussi considérable répugnait au vieux roi, tous les tribunaux et députés du royaume seraient convoqués.

3° Que ce serait en présence de ce conseil que la renonciation du prince des Asturies aurait lieu d'une manière légale, et propre à rendre publics les motifs dans lesquels elle serait faite.

4° Que Charles IV ne se ferait pas suivre par certaines personnes signalées comme s'étant attiré justement la haine de toute la nation.

5° Que si, comme le prince des Asturies prétendait en avoir été informé, le vieux roi ne voulait plus régner en personne , ni retourner en Espagne , dans ce cas lui, prince des Asturies, prendrait le gouvernement en son nom royal , comme son lieutenant.

Ces conditions, dès le lendemain 2 mai 1808, attirèrent au prince des Asturies, de la part de son père, une lettre foudroyante, qui fut entièrement écrite sous la dictée de Bonaparte.

Le prince des Asturies fit à cette lettre une réponse justificative qui ne remplit pas les vues du roi. Charles IV l'appela alors , et, dans les termes les moins ménagés , toujours suggérés par le brigand corse, lui ordonna, en présence de sa mère et de ce dernier , de souscrire une abdication pure et simple. Le prince des Asturies la donna en ces termes , dans la lettre suivante :

« Mon très-honoré père et seigneur,
« j'ai déposé entre vos mains royales,
« le premier de ce mois , ma renon-
« ciation à la couronne par des condi-
« tions que m'imposaient également et

« le respect que je porte à V. M. , et
« la tranquillité de mes états, et la
« conservation de mon honneur et de
« ma réputation. C'est avec une ex-
« trême surprise que j'ai vu l'indigna-
« tion qu'avaient produite dans l'âme de
» V. M. ces modifications dictées par
« la prudence et commandées par l'a-
« mour que je porte à mes sujets. Sans
« autre motif quelconque, V. M. a
« jugé convenable de m'adresser, en
« présence de ma respectable mère et
« de l'empereur, les propos les plus
« injurieux ; et non contente de cela,
« de me redemander ma renonciation
« pure et simple, sous peine d'être moi-
« même, ainsi que les personnes qui
« composaient mon conseil, traités
« comme des conspirateurs.

« Dans cet état de choses, je remets
« à V. M. la renonciation qui m'est
« *commandée*, afin qu'elle puisse re-
« tourner en Espagne pour y reprendre
« les rênes du gouvernement dans l'é-

« tat où il se trouvait le 19 mars, lors-
« que V. M. abdiqua spontanément
« sa couronne en ma faveur. »

C'est en vertu de cette lettre et des
autres actes de renonciation, qui furent
aussi extorqués à l'infant don Carlos,
frère du prince des Asturies, et à son
oncle l'infant don Antonio, que le vieux
roi Charles IV fit à Bonaparte la ces-
sion de la couronne qu'il plaça sur la
tête de son frère Joseph. (1)

La nation espagnole, brave et géné-
reuse, réveillée par le sentiment le plus
noble, l'amour de la patrie et son in-
dépendance, se leva en masse. Ses efforts courageux vinrent à bout de re-

____

(1) Ce frère de Bonaparte , dont les desirs
étaient assez modérés , et qui fut forcé, dit-on,
d'accepter la couronne d'Espagne , est un être
insignifiant, qui joua dans ce Royaume le
rôle de bas valet de Napoléon , sans l'attache
duquel il ne pouvait rien faire. C'était un
véritable roi de paille.

pousser de son sein le féroce usurpateur, qui lui avait intenté une guerre impie sans aucuns avantages et sans aucun résultat pour le bonheur de la France.

Le tyran se trouvait encore en Espagne, lorsque *Palafox*, général en chef de l'armée d'Aragon, publia une proclamation dont voici quelques passages :

« .... On me conjure de poser les
« armes, au nom du bonheur de l'Es-
« pagne ; et depuis quand un général
« révolutionnaire français prend-il un si
« vif intérêt au sort d'une nation qui,
« de toutes celles de l'Europe, devrait
« lui être la plus étrangère par son
« esprit religieux, ses mœurs, ses ha-
« bitudes, par sa fidélité, surtout en-
« vers son légitime souverain ?... Les
« Espagnols connaissent parfaitement
« l'espèce de bonheur que vous avez don-
« né à la Hollande, à la Suisse, à l'Italie, à
« la Pologne, à vos alliés surtout, et à

« vos malheureux concitoyens eux-mê-
« mes , que vous traînez enchaînés sur
« vos frontières , pour y planter vos
« drapeaux souillés du sang de vos
« princes et de celui de toute l'Europe.
« Quel bonheur, grand Dieu! que celui
« qui nous est offert par un général ,
« l'héritier universel de toute la révolu-
« tion française! Mon sang se glace
« dans mes veines à la possibilité d'un
« pareil bonheur. Tout féroce qu'était
« Attila, il avait dans l'âme plus de vé-
« ritable grandeur, que celui qui vous
« lance sur nous pour nous dévorer ;
« car Attila annonçait hautement les
« projets de son ambition. En entrant
« en Italie, il ne s'était point proclamé
« son ami, son allié; les Huns ne s'ap-
« pelaient point eux-mêmes *la Grande
« Nation* ; l'Italie ne leur avait pas ,
« comme nous , ouvert pendant douze
« fois ses trésors , donné ses flottes ,
« confié ses armées... Le terrible con-
« quérant cependant , saisi de respect

« à la vue du pape Léon - le - Grand,
« laissa devant lui son épée ensan-
« glantée, et Rome fut épargnée ;
« ajoutez que le pontife n'avait point
« quitté son siège pour aller couron-
« ner Attila. Ce dernier néanmoins,
« malgré ce trait qui l'honore, fut sur-
« nommé *le fléau de Dieu*. Quel nom,
« monsieur, la postérité donnera-t-elle
« au vôtre ?.....»

Mais qu'importait à Bonaparte l'opinion bonne ou mauvaise que le général
espagnol pouvait avoir de lui ; que lui
importait d'avoir conduit l'élite de ses
troupes à travers mille dangers et mille
précipices ? N'avait-il pas la ressource
dont il avait déjà usé plusieurs fois, et
même si impudemment, celle d'aban-
donner lâchement ses soldats engagés
dans les périls ? C'est donc ce qu'il fit
lorsqu'il s'aperçut que les Espagnols
préféraient s'ensevelir sous les ruines
fumantes de leur patrie plutôt que de
courber leurs têtes sous le joug de
l'oppression.

(61)

l'oppression. Il mit donc encore une fois
en activité cette légèreté des pieds qui
lui était si naturelle.

Déserteur de son armée, il arrive
dans la capitale où le sénat (1) vint
lui offrir lâchement le tribut accoutumé de ses adulations; on remarqua
surtout dans son discours la phrase
suivante :

« Vous avez quitté les Espagnes
« après leur avoir assuré les plus
« grands bienfaits et leur avoir recréé
« une patrie; et c'est une circonstance
« particulière de vos triomphes, qu'ils
« font triompher la raison. »

____

(1) Quel nom la postérité donnera-t-elle à
cette bande d'esclaves, connue, pendant la
tyrannie de Bonaparte, sous le nom de sé-
nateurs? Dans aucune langue on ne trouve
aucune expression et même aucune épithète
assez forte et assez énergique pour caractéri-
ser des êtres aussi vils et aussi méprisables, en
un mot la lie et l'opprobre du genre humain.
Le Brigand corse.   D

Ces bienfaits que le tyran avait as-
surés à l'Espagne étaient le pillage, le
meurtre, l'incendie ; en un mot, une
guerre de destruction. Et voilà les puis-
sans véhicules qui devaient faire triompher la raison et assurer une gloire
immortelle à l'usurpateur du trône des
Bourbons !

Nous ne croyons pas devoir passer
sous silence l'anecdote suivante, qui
prouve que Bonaparte traitait ses agens
comme les derniers des esclaves. ; et
ceux-ci enduraient ses mauvais traitemens et ses injures grossières avec une
résignation édifiante et digne d'une
meilleure cause.

Après les massacres commis en Espagne, et l'infâme trahison exercée
envers la famille royale, le général
Savary, le bras droit du tyran pour
toutes ses mesures atroces, reçut l'ordre de son maître de conduire en
France la ci-devant reine d'Étrurie. Ce
général lui dit qu'elle ferait bien de

lui confier ses bijoux et tous ses effets précieux, qu'il les lui rendrait aussitôt qu'ils auraient passé les armées. La crédule princesse lui donna tout ce qu'elle possédait; mais pas un objet de prix ne lui fut rendu. Parmi ces bijoux était la couronne de la reine. L'honnête général la fit démonter, et madame Savary s'en fit faire un ornement de tête en forme de gerbe, qu'elle eut l'*imprudence* et l'*impudence* de porter un jour que madame Bonaparte tenait sa cour. Lorsque Napoléon vit la femme du général avec ces diamans, il entra en fureur, et donna ordre à Savary de lui envoyer les bijoux sur-le-champ. Il en a depuis fait présent à la reine de Hollande sa bien-aimée. D'autres, au contraire, prétendent qu'il fit vendre ces bijoux à son profit.

Mais tandis que les armées françaises, lâchement abandonnées en Espagne par son usurpateur, combattaient encore pour sa cause, une nouvelle guerre

éclate dans le nord. L'envahissement
de plusieurs états voisins ne permet-
tait plus d'espérer un terme aux projets d'agrandissement de Bonaparte.
Comme un torrent dont aucune digue
ne peut arrêter à la rapidité du cours ,
son ambition dévorait successivement
les petits états de l'Europe, et les grandes puissances devaient trembler elles-
mêmes d'être englouties à leur tour.
Une fois encore l'Autriche veut chercher dans le hasard des combats une
garantie qu'elle ne peut trouver dans
son état de paix avec la France ; mais
cette tentative devint encore inutile.
De nouveaux trophées signalèrent nos
légions , et de nouveaux outrages le
triomphe de Bonaparte. Vainqueur in-
solent , il osa faire insérer dans ses
bulletins le passage suivant :

« L'empereur d'Autriche a quitté
« Vienne, et a signé en partant une
« proclamation dans le style et l'esprit
« de nos plus sots libelles. Il s'est porté

« à Scharding, *position qu'il a choisie*
« *précisément pour n'être nulle part,*
« *ni dans sa capitale pour gouverner*
« *ses états, ni au camp où il n'eût*
« *été qu'un inutile embarras.* Il est
« difficile de voir un prince plus débile
« et plus faux. Lorsqu'il a appris les
« suites de la bataille d'Echmühl, il a
« quitté les bords du Rhin, et est entré
« dans le sein de ses états. »

Enfin, la campagne fut terminée par
la fameuse journée de Wagram (1),
qui força l'empereur d'Autriche à accepter les conditions qu'il plut à Bonaparte de lui imposer; car celui-ci exigea
du vaincu de grands sacrifices comme
souverain, et en demanda de plus

---

(1) Après cette journée Bonaparte, parcou-
rant le champ de bataille, à la vue des morts
qui jonchaient la terre, dit froidement : *Voilà
une grande consommation;* puis il ajouta
avec le même sang-froid : *Qu'on me nettoie
cela proprement.*

grands encore comme père, car il voulut la main de la princesse Marie-Louise, une des augustes filles de ce monarque. Mais il fallait auparavant rompre une union qu'il regardait comme inférieure à lui depuis qu'il avait usurpé un trône ; il fallait divorcer, ou plutôt répudier la veuve Beauharnais.

On sait que l'*homme du destin* n'était pas beaucoup embarrassé lorsqu'il s'agissait d'arriver à ses fins : tous moyens, criminels ou non, lui étaient indifférens. Alors, mettant en jeu tous les ressorts de l'astuce la plus déliée, sous le prétexte de l'intérêt public, sous celui de laisser un héritier de son nom (1), il fit proposer à son sénat de muets la dissolution de son premier

---

(1) Ce prétexte était absurde, puisqu'il avait la faculté de se choisir un successeur, et sa nombreuse famille lui en fournissait les moyens. Mais cela ne suffisait pas à son ambition, et

mariage. Ce premier ou plutôt ce dernier corps de l'état consentit sans difficulté à cet acte, qui étonna l'Europe entière.

Son mariage dissous, il envoya le prince Berthier à Vienne demander la main de l'archi-duchesse Marie-Louise. L'empereur d'Autriche, croyant par le plus grand des sacrifices obtenir une paix et une alliance continues avec l'homme qui avait porté tant de fois dans ses états les ravages de la guerre, n'hésita pas de souscrire à sa demande.

Le 1er et le 2 avril 1810 se fit la célébration civile et religieuse de ce mariage, offrant ainsi le spectacle de l'union du crime avec tout ce que la vertu a de plus pur.

L'heure allait sonner où ce colosse

---

l'alliance avec une des premières têtes couronnées de l'Europe remplissait mieux ses vues et ses désirs.

de puissance allait s'engloutir. Sa chute devait être aussi rapide que son élévation ; abandonné à ses propres forces, autant ses succès avaient été extraordinaires, autant ses revers devaient être éclatans. L'invasion d'Espagne et son divorce, préludant à sa campagne de Moscou, avaient déjà dépopularisé le tyran ; l'incendie de Moscou devait enfin éclairer les hommes les plus prévenus en sa faveur sur les malheurs effroyables qui allaient peser sur la France.

Bonaparte, après avoir passé en revue son armée se montant à plus de 400,000 hommes, se mit en marche avec elle. Nombre de combats dans lesquels il eut l'avantage, et plusieurs batailles livrées et gagnées, lui firent présumer que rien ne pouvait plus arrêter la conquête de la Russie. Il se dirigea sur Moscou, où il entra en triomphateur. L'incendie de cette ville se manifesta bientôt, et après trois se-

maines de séjour, il fut obligé d'or-
donner la retraite. L'insensé, dans ses
projets audacieux, avait dédaigné de
calculer la force des élémens. Le froid
le plus rigoureux vint assaillir son
armée. Alors commence une série effroyable de catastrophes plus terribles
et plus désastreuses les unes que les
autres. Nous ne retracerons point ici
ce tableau hideux , trop vaste pour être
exposé ici avec tous ses détails (1);
nous dirons seulement que des 400,000
hommes qui allèrent guerroyer en
Russie, il en sortit à peu près 20,000.
Nous ajouterons l'anecdote suivante ,
qui peindra mieux le Jupiter-Scapin
que tous les portraits que l'éloquence
pourrait en faire.

---

(1) Il a paru un grand nombre de relations
de la campagne de Moscou, rédigées par des
témoins oculaires, et qui ne laissent rien à
désirer sur la vérité des faits.

Tandis que l'incendie dévorait la ville de Moscou, que les soldats pillaient les maisons et massacraient les habitans, Bonaparte, retiré dans le Kremlin, faisait faire de la musique par des chanteurs Italiens.

Mais chaque instant voyait naître de nouveaux dangers, chaque instant amenait de nouveaux désastres. L'armée, en proie à toutes les privations, et aux angoisses les plus douloureuses et les plus déchirantes, commença à maudire son chef. Bonaparte, pour ne plus entendre les murmures du soldat, et éviter en même tems d'être cerné et pris par l'armée russe, s'enfuit clandestinement comme un lâche avec son affidé Caulincourt, arrive à Varsovie, où il eut un entretien avec M. de Pradt, archevêque de Malines, et qu'on peut lire dans la brochure que ce ministre a publiée, il y a environ six mois, et dont nous extrairons le discours que le tyran prononça dans cette même ville, le 5 dé-

cembre 1812, en présence des généraux, des ministres polonais , et de
M. de Pradt lui-même.

« Personne ne pouvait prévoir cette
« issue malheureuse d'une campagne
« commencée si glorieusement. *J'ai*
« *commis deux fautes* , d'être allé à
« Moscou et de m'y être arrêté trop
« long-tems. On me blâmera peut-être;
« cependant c'était une grande et au-
« dacieuse mesure : mais du sublime au
« ridicule le pas est petit. La postérité
« jugera. Je n'ai pas été battu par les
« Russes, mais je n'ai pu vaincre les
« élémens. Je n'ai pas manqué de pro-
« visions ; c'est le froid excessif seul
« qui est la cause de mes désastres.
« Dans l'espace de peu de jours , *j'ai*
« *perdu trente-cinq mille chevaux* Le
« soldat français et allemand, ainsi que
« les chevaux, ne sont pas faits pour
« le climat, ils ne résistent pas au froid;
« *passé sept degrés , ils ne sont plus*
« *bons à rien.* Généraux et officiers ,

« je n'ai pu trouver personne à son
« poste.

« Jusqu'au 6 novembre, *j'étais maî-*
« *tre de l'Europe; je ne le suis plus.* J'ai
« été pendant dix-sept jours privé de
« toute communication. Je sais qu'on
« travaille l'Allemagne; il faut que j'aille
« à Paris pour surveiller *Berlin* et
« *Vienne*, et voir ce qui s'y passe. Mes
« soldats m'ont prié de quitter l'armée,
« ma présence n'y était plus nécessaire;
« l'armée n'est actuellement pas si
« grande que mes généraux ne la puis-
« sent conduire. Je m'arrêterai une
« heure à Dresde pour parler au roi,
« et je poursuivrai ensuite ma route
« jusqu'à Paris ; *j'y tomberai comme*
« *une bombe.* Le lendemain on sera
« si étonné de mon retour, que l'on ne
« parlera plus d'autre chose dans la ca-
« pitale et dans toute la France, et l'on
« oubliera ce qui m'est arrivé. *Il me*
« *faut de l'argent et des bras* ; je vais
« en chercher. Je me prépare une nouvelle

(73)

« velle armée de trois cent mille hom-
« mes , avec laquelle je marcherai le
« printems prochain , et *je détruirai*
« *les Moscovites.*... L'armée française
« n'est plus ce qu'elle a été; elle a perdu
« toute discipline ; je ne la connais
« plus. »

De retour à Paris , il lui prit tout-à-
coup fantaisie de se réconcilier avec le
pape , et de terminer , à sa manière ,
toutes les affaires ecclésiastiques. Il se
rendit à Fontainebleau , et, feignant les
sentimens [les plus pieux (car il était
excellent comédien), il conjura son
prisonnier de se rendre à ses ardentes
prières. Pie VII, qui connaissait parfaitement notre jongleur, n'y répondit que
par ce seul mot : *comœdia.* Se voyant
démasqué, le Corse entra dans une co-
lère épouvantable, et poussa même l'ou-
bli de ses devoirs jusqu'à le maltraiter :
le Saint-Père , avec le même calme, ne
répondit à ses mauvais traitemens que
par ce mot : *tragœdia.*

Le brigand corse.   E

_ La déroute effroyable de Moscou _ aurait dû prouver à Bonaparte combien sont fragiles les projets de l'ambition; mais le sacrifice de tant de braves qui périrent dans les déserts glacés de la Russie, et qu'il avait si lâchement abandonnés, loin de l'arrêter dans ses desseins usurpateurs, ne fit au contraire que l'exciter encore plus à y persévérer! Il osa encore une fois tenter le sort des armes, et préparer une campagne désastreuse, qui devait répandre un nouveau deuil sur la France. Il fait mettre à sa disposition par son sénat, au mois de janvier 1813, 350 mille hommes, et au mois d'avril de la même année, il en redemande 180 mille autres qui lui sont accordés; il pouvait, avec de telles forces, se promettre sans doute quelque succès, et les journées de Lutzen et de Bautzen vinrent affermir son espoir. Un armistice fut conclu à la suite de ses victores; mais il fut bientôt rompu par l'insolence or-

gueilleuse d'un homme qui dans la prospérité, voulait toujours dicter des lois.
L'Autriche, qui était restée neutre, changea de rôle, et l'on vit successivement
se lever contre lui presque toutes les
puissances de l'Europe. Enfin, la bataille de Leipsic et la retraite qui en fut
la suite ne peuvent être comparées qu'à la
déroute de Moscou. Et pour qui tant de
sang versé ? pour un abominable tyran,
pour un Corse qui n'était si prodigue du
sang français, que parcequ'il n'avait pas
une goutte de ce sang dans les veines.

Les puissances, en pousuivant les
débris de nos armées, entrèrent avec
elles en France, et s'avancèrent vers
Paris. Plusieurs combats et quelques
batailles eurent lieu, qui n'amenèrent
aucun résultat avantageux pour les
Français. Bonaparte faisait transporter
par milliers les blessés à Paris, des
champs de bataille de la Champagne et
de la Brie, sans qu'on eût soin de les
panser auparavant, ni même de

pourvoir à leur nourriture pendant la route.

Malgré l'excès de son orgueil, le bourreau de la France ne put se dissimuler que le tems de ses prospérités était passé, et qu'il lui fallait descendre du trône qu'il avait usurpé. La valeur de ses soldats ne pouvait résister à toutes les forces réunies de l'Allemagne, de la Prusse, de l'Autriche, de la Russie, etc., commandées par les plus habiles généraux et par les souverains en personne. Il alla cacher sa défaite et les transports de sa fureur à Fontainebleau, et chercher dans les ruses de son esprit pervers s'il n'y aurait pas encore moyen de rattacher la fortune et la gloire à son char. Mais tous ses efforts furent inutiles, et il se vit contraint de descendre du haut de sa grandeur suprême et à n'être plus qu'un simple particulier. Son unique consolation était de se dire à lui-même et d'avouer à ses plus intimes confidens qu'il saurait bien se jouer de la bonne foi, et qu'il ferait naître un jour l'occasion de se venger avec éclat.

Il n'avait pas dessein de l'attendre long-tems, du moins s'il était vrai qu'il eût formé un horrible projet , qui n'aurait que trop confirmé son propos: « Si je péris, on verra ce que coûte « *l'agonie d'un grand homme.* »

Quoi qu'il en soit, on prétendit que Bonaparte chargea, le 30 mars, un de ses affidés de porter au ministre de la guerre, l'ordre de faire sauter le magasin à poudre de la plaine de Grenelle. Le ministre de la guerre en fit passer, dit-on, l'ordre à M. Maillard de Lescourt, major d'artillerie, chargé de la direction du magasin. Celui-ci , effrayé d'une mesure aussi épouvantable, et garda le silence. L'officier, porteur de l'ordre, remarquant le changement qui s'était opéré sur le visage du major , lui dit : « Quoi ! monsieur , hésiteriez-vous à « obéir sur-le-champ ? — Non , lui ré- « pondit M. de Lescourt, je vais rem-

« plir les intention de ceux qui vous
« envoient. » Alors le porteur de l'ordre, qui était un colonel à cheval, se
retira, et M. de Lescourt n'eut garde
d'exécuter l'ordre affreux qu'il venait de
recevoir. (1)

Quoi qu'il en soit Bonaparte, furieux
de ce qu'on n'avait point fait à Paris
une résistance qui aurait été inutile, se
proposait de marcher contre la capitale,

-----

(1) Le magasin à poudre de la plaine de Grenelle contenait 240 milliers de poudre en grains,
5 millions de cartouches d'infanterie, 25 mille
gargousses à boulet, trois mille obus chargés,
et une grande quantité d'artifice. Lors de l'explosion de ce magasin en 1794, il n'y avait que
huit milliers de poudre. Ainsi qu'on se forme
une idée des épouvantables désastres qui seraient résultés de l'explosion d'un magasin cent
fois plus considérable. La plus grande partie
de la capitale aurait été anéantie de fond en
comble. *Et voilà l'agonie d'un grand homme !*

et de la réduire en cendres , lorsqu'il apprit la capitulation et les décrets du sénat qui prononçaient sa déchéance.

Le lendemain du jour où elle fut prononcée , un de ses officiers généraux qui lui étaient les plus dévoués , avait mis le soir dans sa chambre deux pistolets chargés. Le jour suivant, on retrouva les pistolets bien intacts ; seulement ils avaient été repoussés des bords de la table vers le milieu , sans doute *par précaution , ou de crainte d'accident*.

Bonaparte, afin d'en imposer davantage sur ses vues secrètes, fit un acte d'abdication à l'empire français.

Par suite de cette abdication et du traité conclu entre les puissances alliées , Bonaparte eut en toute souveraineté pour lui et ses descendans , l'île d'Elbe , située sur les confins d'Italie , avec un revenu annuel de 6 millions. On vit avec surprise les ménagemens que ces mêmes puissances daignèrent avoir pour un tel souverain, pour un audacieux usurpateur. La prudence ou la politique ne devait-elle pas prescrire un autre séjour à un homme aussi dangereux ? Fallait-il encore lui permettre d'amener avec lui des généraux, un détachement de sa vieille garde ? Un exilé n'a point ordinairement un cortège aussi fastueux : la cause de tant d'égards imprudens provenait sans doute de ce que Bonaparte avait l'honneur d'être gendre de l'empereur d'Autriche ; mais on n'aurait dû considérer en lui que le fléau de l'humanité.

Il partit enfin le 21 avril 1814 pour l'île d'Elbe. Dans la route il dit aux commissaires chargés de l'accompagner, entre autres choses, et après avoir retracé avec beaucoup de franchise les différens degrés qu'il avait parcourus dans sa carrière : « Au bout du compte, » je n'y perds rien ; car j'ai commencé » la partie avec un écu de six francs

» dans ma poche, et j'en sors fort
» riche. »

Partout sur son chemin le peuple
l'accablait d'invectives, et lui reprochait tous les malheurs qu'il avait fait
peser sur la France. A Orgon, petit
village où l'on changea de chevaux, le
peuple faillit le mettre en pièces.

A un quart de lieue en deçà de ce
village, il crut indispensable la précaution de se déguiser; il mit une mauvaise redingote bleue, un chapeau
rond sur sa tête avec une cocarde
blanche, et monta un cheval de poste
pour galoper devant sa voiture, voulant passer ainsi pour un courrier, et
entra dans une mauvaise auberge située sur la grande route. Les commissaires qui l'accompagnaient l'y ayant
rejoint, là Bonaparte se félicita de son
déguisement, en leur racontant ce qui
s'était passé entre lui et l'hôtesse qui
ne l'avait pas reconnu. « Eh bien ! lui

avait-elle dit, avez-vous rencontré Bonaparte ? *Non*, avait-il répondu. Je suis curieuse, continua-t-elle, de voir s'il pourra se sauver ; je crois toujours que le peuple va le massacrer : aussi faut-il convenir qu'il l'a bien mérité, ce coquin-là. Dites-moi donc, on va l'embarquer pour son île ? — *Mais oui.* — On le noyera, n'est-ce pas ? — *Je l'espère bien*, lui répliqua Napoléon ». *Vous voyez donc*, ajouta-t-il, *à quel danger je suis exposé.*

Dans une conversation qu'il eut avec ces mêmes commissaires, il leur dit : « Je renonce maintenant tout-à-fait au « monde politique, et ne m'intéresse « plus à tout ce qui peut arriver ». Et il ajouta que si on lui offrait la couronne de l'Europe, il la refuserait. « Je « n'ai jamais estimé les hommes, pour-« suivit-il, et je les ai toujours traités « comme ils le méritent (1) ; mais ce-

____

(1) Il répétait souvent : « Pour le souve-

« pendant les procédés des Français
« envers moi sont d'une si grande
« ingratitude, que je suis entièrement
« dégoûté de l'ambition de vouloir les
« gouverner ».

Arrivé à l'île d'Elbe, où il fut reçu
avec les honneurs qu'on rend ordinairement à un souverain, et non à un
exilé, il visita à cheval les principaux
endroits de l'île, dont il fut mis en pos-
session par les officiers autrichiens, et
toujours accompagné de deux commissaires des puissances alliées. Il donna
un grand dîner à toutes les autorités.

« rain, les hommes sont comme les pions
« pour un joueur d'échecs; on les place sui-
« vant les chances de la partie; quand on n'en
« a plus besoin, on les jette ».

« Je suis maître de tout, disait-il dans le
« tems de sa prospérité, et j'aurai, quand il
« me plaira, le dernier homme et le dernier
« écu de France ».

Le même jour il fit publier une proclamation dans laquelle, entre autres choses, il dit, avec son effronterie et son impudence ordinaire, qu'il avait sacrifié ses droits aux intérêts de la patrie, et qu'il assurait aux Elbois sa haute protection.

Quelques jours après son arrivée à l'île, il visita les mines de fer qui en font la richesse ; il demanda à ceux qui l'entouraient quel était le revenu de ces mines. — 5oo mille francs. — Ces 5oo mille francs seront donc pour moi ?

— Mais, sire, vous savez que vous avez affecté, par un décret, ce revenu à la légion d'honneur. — Où avais-je donc la tête quand j'ai ordonné cela ?... *J'ai fait tant de sots décrets dans ma vie.*

Bonaparte ne tarda pas à se livrer à la passion des édifices, des monumens, non pas pour faire jouir ses contemporains de plus de commodités ou d'agrémens, mais pour illustrer son nom et redoubler sa gloire dans la postérité.

Quoique sur un petit théâtre, il n'en faisait pas moins le rôle de despote. La pêche du thon avait été, jusqu'à son arrivée, affermée à un Génois qui, pour faciliter son commerce, avait fait bâtir une maison à Porto-Ferrajo, l'une des deux villes de cette île ; comme cette maison gênait Bonaparte dans ses projets d'embellissement, il la fit jeter bas, sans autre forme de procès, et sans vouloir seulement en parler au propriétaire ; celui-ci poussa les hauts cris, et s'éleva fortement contre l'injustice de ce procédé. Alors le despote lui fit savoir que, malgré le bail qui existait, son intention était d'affermer de nouveau la pêche au plus offrant, et qu'il voulait avoir vingt mille francs de plus qu'elle ne rapportait par an. Le malheureux entrepreneur fut si effrayé, qu'il fit dire à Bonaparte qu'il paierait tout ce qu'il voudrait, et qu'il ne serait plus question de la maison abattue. Napoléon se laissa pourtant attendrir , lui rabattit quelque chose des vingt mille francs, et le Génois éleva jusqu'aux nues la générosité impériale. (1)

Les soins qu'il prenait d'embellir sa ville capitale, n'étaient pas les seuls qui remplissaient son temps. Il lisait les journaux et les pamphlets qu'on lui faisait parvenir de Paris, et ne songeait qu'à se rendre encore plus criminel qu'il l'avait été, en roulant dans sa tête les projets les plus ambitieux, et en mettant en œuvre de sourdes intrigues pour les effectuer un jour, sans prévoir que

---

Cette anecdote rappelle une petite épigramme intitulée : *La Générosité impériale.*

Par une faveur sans égale
L'empereur , me serrant la main ,
Me disait : Vous aurez quelque chose demain
Et le lendemain j'eus la gale.

leur exécution était impossible, et qu'il allait courir à sa perte ; mais l'ambition et la vanité ne raisonnent pas toujours, et ce n'est qu'en tombant dans le précipice qu'elles s'aperçoivent qu'elles se sont trompées dans leur calcul.

Il commença à faire partager ses sentimens à Joachim Murat, qui régnait à Naples *par la grâce de Napoléon*, en lui faisant entrevoir que le congrès de Vienne le détrônerait infailliblement, pour rendre la couronne à Ferdinand IV, qui en était légitime possesseur. Il lui fit envisager qu'en combinant ses mouvemens avec la révolution qu'il allait exciter en France, ils parviendraient à s'affermir l'un et l'autre sur le trône, malgré toutes les forces que les monarques réunis au congrès pourraient mettre sur pied.

Ces négociations étaient traitées dans le plus grand secret, et les sœurs de Bonaparte, qui paraissaient venir dans l'île d'Elbe pour passer quelques jours avec leur illustre frère , en étaient les principaux agens.

La conspiration ourdie en France ne se tramait pas avec moins de précaution et de secret; elle commença à se former dès le mois de mars 1814. Les conspirateurs répandirent les faussetés et les calomnies sur le gouvernement paternel de Louis XVIII, et parvinrent, par de fausses menées , à faire diriger vers le midi de la France les vieux régimens les plus attachés à Bonaparte.

Les chefs de la conspiration , résidant à Paris , choisirent pour leur réunion mystérieuse la maison d'un manufacturier du faubourg Saint-Antoine. On y soupait , et les convives portaient la santé du *Père la Violette* , mot de ralliement qui leur servait à se reconnaître.

On avait d'abord eu dessein que la conspiration éclatât dans le mois d'octobre 1814; mais les mesures ne paraissant pas assez bien prises, on en recula le dénouement jusqu'aux premiers mois de 1815.

Le 26 février, à une heure après midi, toute la garde de Bonaparte reçut l'ordre de s'apprêter au départ. Les soldats s'imaginaient qu'il s'agissait simplement d'aller à Naples.

A huit heures du soir Bonaparte s'embarqua sur le principal brick. Aussitôt qu'il fut dans le navire, un coup de canon donna le signal du départ, et l'on mit à la voile.

Le 28 à trois heures de l'après midi, la flottille entra dans le golfe de Juan, peu éloigné de Fréjus, département du Var. On débarqua, et Bonaparte, rempli d'inquiétude et rongé de soucis, sortit du brick le dernier. Il est facile d'en deviner la cause.

On établit jusqu'au lever de la lune un bivouac sur le bord de la mer, dans une vigne entourée d'oliviers.

Le 2 mars, à une heure du matin,

en leva le bivouac , et tout le monde se mit en marche. La petite troupe se rendit à Cannes. On marcha toute la nuit, et le lendemain on entra à Graves.

Dans la soirée du 2 , Bonaparte arriva au village de Cérénon.

Le 5, il coucha à Gap avec dix hommes de cavalerie et quarante grenadiers , prit sa route par Digne , et arriva à Grenoble, d'où sa troupe, grossie de plusieurs régimens , continua sa marche sur Lyon.

Ce ne fut que le 6 mars , dans l'après dîner , qu'un bruit sourd annonça dans la capitale les premières nouvelles que Bonaparte était débarqué sur les côtes de Provence. On se rassura en songeant au petit nombre de troupes qui l'accompagnaient , et personne ne douta qu'on apprendrait bientôt son entière défaite , sa prise ou sa mort. On était loin de s'attendre à la défection des généraux et des soldats , accoutumé que l'on était à regarder le militaire français comme incapable de manquer jamais à l'honneur.

La Cour de France prit les mesures les plus sages et les plus fermes pour s'opposer à l'invasion.

Cependant l'usurpateur traversait les départemens, tel qu'un nuage orageux qui recèle la foudre et les tempêtes, tandis que les habitans de la campagne le regardaient stupidement comme le sauveur de la patrie.

Que pouvait faire le petit nombre de français restés fidèles à leur roi ? En vain voulaient-ils faire un rempart de leur corps autour de ce trône que Bonaparte se proposait de souiller pour la seconde fois.

Pénétré de reconnaissance pour ses fidèles sujets, le monarque, craignant d'attirer sur la France de nouveaux malheurs, et de l'exposer à toutes les horreurs de la guerre civile, aima mieux quitter pour quelque tems la capitale, persuadé que ceux de ses sujets qui

étaient égarés, revenant de leurs er-
reurs, rendraient un jour justice à ses
intentions paternelles. Il partit donc ,
emportant tous les regrets , suivi de
tous les vœux,et se rendit à Gand ; et le
tyran vint au milieu des ténèbres s'emparer d'un palais en deuil , et dicter de
nouveau des lois à la France consternée. Ce fut le 19 mars au soir que ,
comme un véritable hibou , il fit son
entrée aux Tuileries. Ne mettant plus
de bornes à son délire , entouré d'infâmes siccaires , il marcha de projets
en projets, et la terreur remplaça la
tranquillité dont on jouissait depuis si
peu de tems.

A la nouvelle de cet horrible attentat,
le congrès de Vienne rendit, le 13 mars,
une déclaration , par laquelle il dit que
Bonaparte s'est placé hors des relations
civiles et sociales , et que , comme per-
turbateur du repos du monde , il s'est
livré à la vindicte publique , etc.

Les phalanges des puissances alliées

se mirent alors en marche , et se diri-
gèrent par plusieurs points sur la France.
Bonaparte de son côté force les citoyens
à prendre les armes , pour s'opposer au
torrent qui le menace. Mais le ciel , las
de tant de crimes et de forfaits , voulut ,
par un exemple terrible , montrer que
tôt ou tard sa vengeance éclate avec
impétuosité sur les scélérats et les pervers.

Les armées sont en présence , quelques succès favorisent l'usurpateur ;
mais bientôt la perte de la bataille de
Vaterloo, et la déroute complète de l'armée , vinrent mettre un terme à sa
puissance et à ses crimes ; fuyant lâchement les braves qu'il avait abusés ,
il osa le premier proclamer sa honte et
sa défaite.

Enfin , ses partisans , frappés d'un
tel désastre , et des malheurs nouveaux
qui venaient de fondre sur la France ,
et craignant la juste vengeance des puissances de l'Europe , invitèrent Bona-

parte à abdiquer un pouvoir qui ne pouvait plus lui être confié , et eux-mêmes ne s'occupèrent bientôt plus que d'implorer la clémence d'un souverain contre lequel ils avaient déjà levé l'étendard de la révolte.

Déjà les armées étrangères approchaient de la capitale, lorsqu'on leur donna connaissance de la nouvelle abdication de Bonaparte , et du vœu général de voir rentrer dans son sein le plus chéri des monarques. Il n'en fallait pas moins pour arrêter la marche des souverains armés pour une aussi juste cause.

La journée du 8 juillet vint, après tant de crises , ramener dans son palais l'héritier de S. Louis , et avec lui le bonheur et la paix.

Cependant l'usurpateur, forcé de s'éloigner, mit dans son voyage la même dissimulation et la même tergiversation, que dans sa conduite passée. Il annonça d'abord qu'il avait dessein de se rendre au Hâvre, et de s'y embarquer pour l'Amérique septentrionale. On fut bien aise d'apprendre qu'il s'était rendu à Niort, ensuite à la Rochelle, d'où il avait passé à Rochefort pour s'embarquer, disait-il, sur une frégate qu'on y armait à cet effet. Cette incertitude, qu'il mit dans sa route, aurait été nécessaire, s'il avait eu dessein de se cacher ; mais sa manière de voyager n'y était point conforme. Plusieurs vaisseaux anglais étant en croisière pour se saisir de sa personne, il prit le parti de monter sur un brick, espérant leur échapper. Mais voyant que la chose était impossible, il se résolut à se rendre lui-même sur le vaisseau le *Belle-rophon*.

Pour délivrer à jamais l'Europe de son oppression et lui ôter tout moyen de reparaître sur l'horizon politique, le gouvernement anglais, d'accord avec les puissances, décida qu'il serait conduit à l'île Sainte-Hélène, pour y être sous la surveillance de toutes les puissances. Après cette décision on mit à la voile pour cette nouvelle destination, d'où il y a lieu d'espérer qu'il ne s'échappera plus pour revenir porter le trouble et la désolation en Europe.

Sæpe mihi dubiam traxit sententia mentem ,
Nullos esse deos.......
Abstulit hunc tandem Bonapartis pœna tumultum.

Aussitôt que Bonaparte fut arrivé à l'île Sainte-Hélène, il prit des airs de grandeur dont on se moqua. Il demanda aussi la liberté de faire quelques promenades sur la mer, liberté qui lui fut refusée. Alors il prit le parti de ne plus rien demander.

Les journaux anglais ont rapporté, il y a quelques mois, qu'on lui avait tiré un coup de fusil, et qu'il avait été manqué. Cette nouvelle ne s'est point confirmée.

Ces

Ces mêmes journaux prétendent que les frais de sa garde dans l'île coûteront près de 7 millions. C'est payer un peu cher la détention d'un brigand qui a répandu une mer de sang, et qui a failli bouleverser l'Europe entière.

Bonaparte, en partant en 1814 pour l'île d'Elbe, disait qu'il se proposait, lorsqu'il serait arrivé dans cette île, d'écrire les *mémoires de sa vie*, mémoires, ajoutait-il, qui dévoileraient des choses incroyables et inouies. Il n'écrivit point de mémoires, mais il trama des conspirations qui plongèrent la France dans le deuil, et attirèrent sur ce royaume toutes les calamités et les fléaux de la guerre.

Aujourd'hui que tous les moyens de conspirer lui sont ôtés, il peut rédiger ses *mémoires*; et si ce monstre n'altère pas les faits, s'il veut dire la vérité tout entière, on y verra que les Néron, les Caligula, les Héliogabale, etc., *Le grand corse.*

E

n'étaient en fait de tyrannie et de cruautés que des apprentis.

De tous les auteurs qu'il lisait, celui pour lequel il avait une prédilection marquée était Machiavel. Selon lui, Tacite avait écrit un roman, et Gibbon n'était qu'un clabaudeur; mais Machiavel était son bréviaire : il se propose aujourd'hui, dit-on, de le commenter, de l'amplifier, et même de l'augmenter de nouvelles vues, qui doivent faire des œuvres de cet auteur un véritable code infernal.

Nous terminerons ce petit ouvrage par ce fragment tiré d'une brochure intitulée : *Révélations importantes d'un proscrit, concernant Bonaparte et les Bourbons ;* fragment propre à donner des éclaircissemens sur les projets de cet ambitieux forcené.

Lorsque Bonaparte voulut se faire proclamer empereur, il en fit part à ses courtisans, qui en furent effrayés. (1)

____

(1) Le sénat des muets en fut surtout con s-

Comme ils étaient presque tous régicides, ou qu'ils avaient coopéré, soit par leurs actions, soit par leurs opinions erronée, à ce crime infâme, ils craignaient, avec raison, que son projet ne fût de préparer le trône aux Bourbons, ne pouvant supposer qu'un homme revêtu de la suprême puissance, chez la première nation du monde, ne fût pas satisfait du sort heureux où la fortune l'avait élevé.

Néanmoins ils n'osèrent pas tout-à-fait lutter contre sa volonté ; ils se contentèrent de lui observer, en se rejetant adroitement sur le peuple, qu'il serait utile, pour ôter toute inquiétude, de faire une action d'éclat

---

terné. Il fit bien quelques légères objections ; mais on lui déclara que la chose était arrêtée, et qu'il n'y avait plus à délibérer. Alors il en passa par où voulut le brigand, qui leur promit d'augmenter leur traitement ; il tint parole.

qui puisse ôter tout espoir à la famille des Bourbons.

Bonaparte, qui était loin de partager
leur pensée, le leur promit, et fit as-
sassiner le duc d'Enghien.

Ce forfait lui retira l'estime des hon-
nêtes gens, et, tout en lui attirant la
haine des puissances étrangères, donna
à l'Europe une petite idée de son génie
politique.

Bonaparte ne tarda pas à s'apercevoir
qu'il avait commis un crime inutile, et
se vit chanceler sur son trône naissant.

Dès-lors il changea de batterie; il
devint lui-même courtisan de ses courtisans; il prodigua l'or et les dignités :
les membres de la légion furent dou-
blés. En un mot, tout ce qui tenait à
lui, militaire ou civil, fut comblé de
caresses et d'espérances.

Ces nouveaux moyens réussirent parfaitement : tout, en France, semblait
prendre une stabilité assurée. Il n'en
était pas de même de l'étranger : le

meurtre du duc d'Enghien avait considérablement accru le parti des Bourbons, et tous les cabinets ne respiraient que la vengeance.

Bonaparte le savait, et n'en était que plus inquiet ; cependant il faisait agir tous les ressorts de la plus adroite politique ; mais les finances s'épuisaient, et, pour ne pas se dépopulariser, il fallait tenir les récompenses promises ; il fallait augmenter celles déjà effectuées ; il en fallait promettre d'autres... Quel moyen de faire face à tout cela ?... L'Italie était épuisée, la France accablée d'impôts.

Les troubles d'Espagne vinrent à propos pour le tirer momentanément d'affaire : il conçut et exécuta le hardi projet, tout en feignant de se rendre conciliateur entre le père et le fils, de s'emparer de la personne et du trône de ces deux souverains.

Il entreprit donc, contre le droit des nations, la terrible et cruelle guerre d'Espagne, croyant y trouver la *poule aux œufs d'or;* mais cette nouvelle in-cartade ne servit qu'à lui prouver qu'on ne se bat pas impunément contre un peuple entier.

Cependant, si cette entreprise ne lui fut pas très-utile sous le rapport des sommes énormes qu'il en espérait, elle le fut du moins en occupant ou en détruisant une grande partie de ceux qu'il avait décorés ou gradés, ou aux-quels il avait promis des récompenses, et par là elle le mit à même de se faire de nouveaux prosélytes (1).

Néanmoins les souverains du nord, indignés de tant d'audace, armèrent contre lui, et lui intentèrent une nou-velle guerre; mais soit malentendu de

____

(1) Bonaparte était si prodigue des décora-tions de la légion, qu'en Russie il les accorda, en un seul jour, à un bataillon entier : de ce bataillon, il n'est pas revenu deux hommes en France.

la part des puissances , soit bonheur de la sienne , il sortit victorieux de cette lutte terrible , et couronna ses succès par l'alliance de l'archiduchesse Marie-Louise.

Déjà les peuples se réjouissaient de ce mariage , dans l'espoir d'une paix durable ; mais il n'en était pas de même de Bonaparte : il savait qu'un usurpateur ne peut espérer de salut qu'en occupant les esprits, et qu'il ne le peut qu'en faisant la guerre , comme étant le seul moyen de se débarrasser de ceux qui lui portent ombrage , et de récompenser les ambitieux inutiles, par les brigandages qui s'y commettent.

D'ailleurs l'Angleterre , son ennemie implacable , occupait toutes ses pensées. Il voulait la détruire , à quelque prix que ce fût , dût-il s'ensevelir sous ses ruines. (1)

____

(1) Il voulait bien y ensevelir les autres ; mais pour lui, il était d'un avis différent ; il

Dès - lors il conçut le projet le plus vaste et le plus fou qui fut jamais ; c'était de pénétrer dans l'Inde et de s'emparer de tous les comptoirs des Anglais.

Mais le moyen d'y parvenir ? Le tenter par mer était la chose impossible : les forces navales de l'Angleterre étaient trop considérables, et les nôtres presque nulles.

Il ne restait donc plus que d'y pénétrer par terre ; mais il fallait traverser la Russie.

Demander le passage devenait inutile : la mauvaise foi qu'il avait montrée dans les affaires d'Espagne était un sûr garant qu'on ne l'obtiendrait pas.

Y entrer de vive force fut donc le seul moyen auquel s'arrêta Bonaparte.

Pour y réussir, il laissa d'abord, en

---

ne se croyait pas assez courageux pour faire le sacrifice de sa personne.

Bohême et en Hongrie, toutes les troupes françaises qui y étaient cantonnées ; puis, sûr alors de l'Autriche, de la Prusse et de la Pologne, il arma de nouvelles forces et fit filer des troupes, sous divers prétextes, par l'Autriche.

Son plan était de s'emparer de Saint-Pétersbourg ; mais Michel Michel, qui vendit les secrets du ministère, fut cause que l'empereur Alexandre se tint sur la défensive dans cette partie de son empire, et que Bonaparte fut obligé de renoncer à son entreprise et de diriger sa marche sur Moscow.

C'est ici le cas d'observer que lorsqu'on est à la tête d'une administration, on ne saurait prendre trop de précaution, vu que les plus petites inconséquences amènent souvent les plus funestes effets.

Ces secrets furent vendus de la manière la plus étonnante : le cahier contenant les opérations du ministère de la guerre était tous les jours porté à Bonaparte ; mais avant qu'il lui fût remis, il était d'usage de le faire relier, et Mirabeau, garçon de bureau, chargé de le porter chez le relieur et d'en surveiller la confection, le prêtait auparavant à Michel Michel, qui prenait copie du mouvement des troupes et le faisait tenir à l'ambassadeur de Russie.

Ainsi donc, si le ministre de la guerre eût remis le cahier sans être relié, ou pris un relieur à domicile, il eût épargné des milliers de braves, qui sont morts de misère et de froid dans les plaines de Moscow.

Car, en supposant que Bonaparte n'eût pas réussi, le sort des armes en eût décidé, et la défection n'eût pas été si considérable.

Tandis que Bonaparte, sans précaution, s'enfonçait en Russie, l'hiver approchait, et c'était où l'attendait l'empereur Alexandre ; car la rigueur de la saison , plus que ses troupes , fut cause de la perte totale de notre armée.

Pendant ce tems, les cabinets de Londres et de Saint-Pétersbourg ne cessaient de travailler à une coalition générale.

Enfin, il fut décidé que toutes les puissances armeraient contre l'ennemi commun , et que , pour le repos et la tranquillité de l'Europe , les Bourbons seraient remis sur le trône de leurs pères.

Les Russes et autres étrangers s'avançaient à pas de géans ; le parti des mécontens grossissait de jour en jour ; le peuple fatigué redemandait les Bourbons ; déjà plusieurs villes avaient ouvert leurs portes ; les soldats abandonnaient leurs drapeaux ; les meilleurs généraux se rangeaient du parti légitime, et ce fier Bonaparte qui , quelques années auparavant , semblait vouloir envahir le monde , pour avoir porté trop loin ses prétentions , se trouvait presque réduit à faire une guerre de partisan dans son propre pays.

Telle était la situation de la France.... Après vingt-cinq ans de trouble et de malheur, que devait-elle faire ?..... Ce qu'elle a fait : redemander les Bourbons, sous le gouvernement desquels les peuples ont toujours été heureux.

Il était donc de toute impossibilité que la chute de Bonaparte n'arrivât pas tôt ou tard, puisqu'elle prenait sa source dans l'illégitimité de son titre d'empereur.

Par la même raison, le gouvernement des Bourbons ne pouvait manquer d'être rétabli après cette chute, puisque le peuple, dont l'oreille était réaccoutumée au titre de Roi, n'avait point à opter entre un chef pacifique et un chef dévastateur, et que cette réorganisation était nécessaire pour la balance politique de l'Europe, et la tranquillité des peuples.

F I N.